IMPLANTATION
D'ÉGLISE

GUIDE DE CONVERSATION

Du groupe à l'implantation d'une église organisée

PETER ROENNFELDT

© 2021 Adventiste FFS
Édition : BoD – Books on Demand, 12/14 rond-point des Champs-Élysées, 75008 Paris
Impression : BoD - Books on Demand, Norderstedt, Allemagne
ISBN : 9 782322 405701
Dépôt légal : décembre 2021

RESSOURCES

Suivre Jésus, c'est tout un programme de vie, un itinéraire de croissance. Suivre Jésus : c'est l'invitation lancée à toute personne qui entre en contact avec Christ.

Cela peut sembler tout naturel à certains, mais on observe chez d'autres une tendance à la stagnation, à rester un croyant passif. Tous ceux qui sont passionnés pour Jésus désirent faire de leur mieux pour le suivre authentiquement.

La question se pose alors : Comment puis-je devenir un véritable disciple de Christ ? Combien de temps cela prend-il ?

Le livre des Actes des Apôtres relate des récits qui nous sont familiers : faire des disciples dans des milieux sociaux, culturels et politiques complexes. Cependant, ce livre présente également des expériences nouvelles pour certains d'entre nous – des formes créatives et innovantes d'église et de leadership, s'adaptant avec succès à ces différentes circonstances, et grâce auxquelles l'église croit de manière spectaculaire.

Après environ deux mille ans d'histoire chrétienne, nous ne sommes pas appelés à tout recommencer, mais plutôt à écrire le prochain chapitre de l'histoire, consistant à suivre Jésus et faire des disciples.

Combien de temps la situation actuelle sera-t-elle soutenable ?

Combien de temps le pasteur devra-t-il travailler dans un contexte aussi complexe – auquel la plupart d'entre nous ne sommes pas préparés – et exercer un ministère en direct de qualité, tout en construisant une infrastructure totalement nouvelle pour accompagner les membres, créer des groupes virtuels, édifier, susciter de nouveaux disciples, au moyen d'approches de communication aussi variées qu'inédites ?

SOMMAIRE

Auteur:	Peter Roennfeldt
Avec la contribution de:	Leigh Rice, Nick Kross, Wayne Krause, Chester Kuma, Christina Hawkins, Edyta Jankiewicz, Danijela Schubert, Litiana Turner
Publishing Date:	December 2019 - version française décembre 2021
Editeur :	BOD
Graphisme:	Jacinda Turnbull-Harman (Dinda Productions)	Kym Jackson
Traduction en français:	Pascale Monachini

POUR COMMENCER

Jésus a commencé son ministère en faisant des disciples. Avant son ascension, il a donné cette consigne : *"Allez et faites de toutes les nations des disciples"* (Matthieu 28.19).[1] TC'est notre mission. Le soir de sa résurrection, il a déclaré : *"Comme le Père m'a envoyé, je vous envoie"* (Jean 20.21).

Le point de départ de l'implantation d'une église est la formation de disciples : faire de nouveaux disciples qui se multiplient. Une nouvelle église est un rassemblement de nouveaux disciples.

- Dans les évangiles, nous voyons Jésus appeler des disciples qui se multiplient : c'est son modèle, son enseignement et sa mission. Jésus est notre exemple et les évangiles sont notre manuel.
- Les Actes des Apôtres révèlent comment les premiers croyants suivent Jésus, puis rassemblent de nouveaux disciples dans des églises qui se multiplient. Les Actes sont notre manuel d'implantation d'églises.

Nous avons préparé trois guides de conversation pour explorer ces thèmes :

1. MULTIPLIER LES DISCIPLES—avec le livre *Suivre Jesus.*

2. L'IMPLANTATION D'UNE ÉGLISE—avec le livre *Suivre l'Esprit.*

3. CULTIVER LES MOUVEMENTS—avec le livre, *Suivre la vision des apôtres.*

Dans ce *guide de conversation* nous parcourons le livre des Actes des apôtres pour identifier les étapes clés de l'implantation de nouvelles églises et de la formation des églises.

Bienvenue dans ce voyage. Bienvenue dans les défis, l'enthousiasme, les satisfactions de l'implantation de nouvelles communautés de foi, en rassemblant de nouveaux disciples dans des églises qui se multiplient. Vous êtes à la pointe de la mission ; c'est un voyage spirituel qui exige un travail d'équipe, la foi et la prière.

.

Peter Roennfeldt
peter@newchurchlife.com

---

1   Sauf mention contraire, les citations bibliques sont empruntées à la version NBS.

LE MANDAT ÉVANGÉLIQUE — LA VISION DE LA FIN

Le mandat évangélique : Matthieu 28.16-20

Lisez en utilisant le processus de *lecture découverte de la Bible* :

- Une personne lit Matthieu 28.16-20 – puis une autre relit le même passage.
- Ensuite, quelqu'un d'autre raconte l'histoire dans ses propres mots – avec l'aide des autres.

1. Qu'est-ce que Jésus demande aux disciples de faire ?

....

....

....

2. Le mot traduit par "nations" est *ethnē*. Qu'est-ce que cela signifie pour la formation des disciples ?

....

....

....

L'Approche des courants relationnels

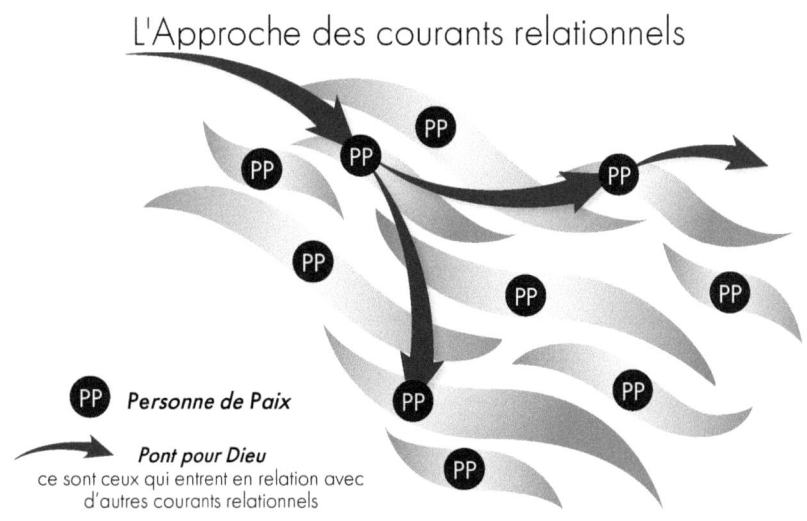

PP *Personne de Paix*

Pont pour Dieu
ce sont ceux qui entrent en relation avec
d'autres courants relationnels

3. LA VISION: Quelle est la vision de Dieu pour faire de nouveaux disciples ?

Les nouveaux disciples sont capables de faire et de multiplier les disciples.

Un rassemblement de nouveaux disciples qui se multiplient est une "bouture" d'église.

....

....

....

....

....

4. LA MISSION: C'est la raison d'être de la nouvelle église :

....

....

....

....

....

....

....

....

....

....

....

....

....

....

....

....

....

....

Pourquoi implanter des églises ?

Quelles sont, pour vous, les principales raisons d'implanter de nouvelles églises ?

....

....

....

....

Comment classeriez-vous les raisons suivantes d'implanter des églises ?

___ Atteindre de nouvelles personnes

___ Faire connaître le royaume de Dieu

___ Remettre la formation de disciples à l'ordre du jour

___ Équiper de nouveaux leaders

___ Établir une nouvelle relation avec Dieu – pour tous en tant que missionnaires (Actes 1.8)

___ S'assurer que les églises établies connaissent une nouvelle vie (Actes 8-10, 14-15)

___ Se mettre en phase avec la mission de Dieu – à l'œuvre en dehors de l'église

___ Se déplacer là où l'Esprit travaille en dehors de l'église (Actes 10-11, 16.9, 17)

___ Transmettre la foi et l'église aux générations suivantes (Actes 13.1-4) :

  · C'est la façon dont les générations suivantes trouvent une nouvelle relation avec Jésus et le Saint-Esprit

  · C'est la façon dont la prochaine génération s'approprie l'église.

  · C'est la manière dont la prochaine génération d'église est cultivée par la prochaine génération de croyants.

___ Obliger l'église à s'engager dans la culture et l'avenir de l'église (Actes 17)

___ Nous mettre en contact avec notre héritage du Nouveau Testament et de la foi :

  ·   Cela nous rappelle nos origines en tant que mouvement d'implantation.

....

....

....

....

Pourquoi pensez-vous que nos pionniers ont insisté pour que les nouveaux croyants « soient organisés en églises » – plutôt que d'être simplement ajoutés aux églises existantes ? (Ellen G White, 7 Testimonies, 19-20)?

....

....

....

....

Discutez de cette déclaration :

« Nous devons faire plus qu'avant pour atteindre les habitants de nos villes. Nous ne devrions pas construire de grands bâtiments dans les villes, mais à maintes reprises, il m'a été montré que **nous devrions établir dans toutes nos villes de petits locaux qui deviendront des centres d'influence** » (Ellen G White, 7 Testimonies, 115). Quelles conclusions en tirez-vous ?

Critères pour l'organisation d'une église

(1) L'Église organisée

Dans l'Église adventiste du septième jour, il existe deux niveaux d'organisation[1]:

1. Le groupe d'église – des croyants isolés ou un petit groupe, une église de maison ou un groupe central d'implantation d'église dont l'objectif est de devenir une église organisée.
   - Il est approuvé par le comité exécutif de la fédération.
   - Un pasteur de district est nommé, et un responsable, un secrétaire et un trésorier sont choisis.
   - Le conseil d'église du groupe est le comité de l'église mère ou le conseil exécutif de la fédération[2]

2. L'église organisée – c'est une nouvelle église ou un groupe prêt à prendre la pleine responsabilité en tant qu'église, dans l'organisation et la mission.
   - Elle est approuvée par le comité exécutif de la fédération.
   - Un protocole régit la procédure spécifique d'organisation et de structure.

Procédures. De nombreuses nouvelles églises ne démarrent pas avec des croyants isolés, ni sans leadership.
- Une équipe centrale d'implanteurs d'églises peut être organisée comme groupe.
- Un groupe peut être approuvé pour le statut d'église organisée assez rapidement.
- Une nouvelle église n'a pas besoin d'être d'abord un groupe avant de devenir une église organisée – cependant, cela peut être un bon processus. Dès que les critères sont remplis, une bouture d'église ou un groupe devrait être organisé en une église.

Comme description d'une église organisée, quelles qualités et caractéristiques le diagramme suivant suggère-t-il pour une église locale ?

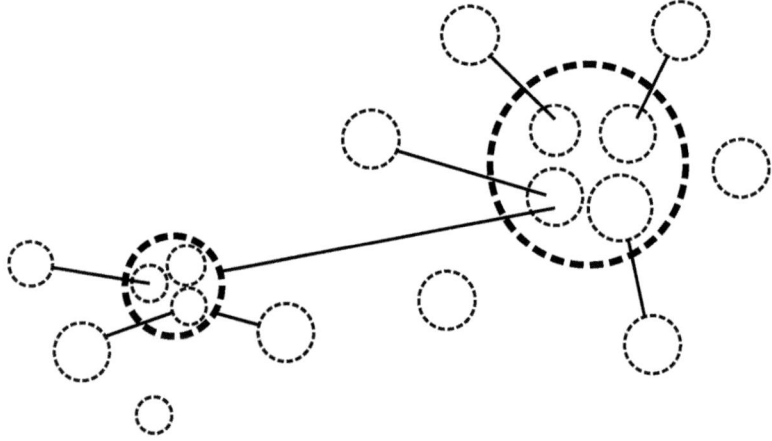

---

1   Manuel d'Eglise, Editions Vie et Santé, 2016, pages 47-5
2   Se rapprocher de sa fédération pour avoir des précisions administratives

(2) Critères pour une église organisée

DRESSEZ LA LISTE des critères requis pour qu'un groupe devienne une église organisée :

....

....

....

....

....

....

....

....

NOTEZ chacun des critères suivants selon leur importance, de 5 pour une importance vitale à 1 pour peu d'importance :

___ Environ vingt membres baptisés

___ Le groupe a suivi une formation sur l'implantation d'église. Qu'est-ce qui serait inclus dans cette formation ?

___ Un esprit de coopération envers le pasteur du district et les responsables de la fédération.

___ Des membres formés et faisant des disciples – avec de nouveaux disciples baptisés.

___ Des membres et de nouveaux disciples impliqués dans des groupes multiples de lecture découverte de la Bible.

___ Au moins trois personnes qualifiées et équipées pour diriger en tant qu'anciens.

___ La célébration régulière de la sainte cène.

___ L'école du sabbat et/ou les groupes de jeunes conduisent tous des groupes annexes d'école du sabbat.

___ Un plan clair pour implanter une autre nouvelle église dans un délai de douze mois.

___ Au moins un projet de service social au long cours.

___ Un plan clair de retour des dîmes et des offrandes à la fédération.

___ Des expériences intergénérationnelles – avec des enfants et des jeunes encouragés et impliqués.

___ Des ministères pour les participants (enfants, jeunes, couples, personnes âgées, etc.).

___ Des procédures claires de responsabilité suivies pour la sécurité de tous.

___ Un réseau durable et multiplicateur d'églises (dans les foyers, les classes d'école, etc.) engagé pour multiplier des boutures d'églises simples et durables.

___ Un centre de formation pour l'implantation d'églises.

Quelles autres suggestions proposez-vous ?

....

....

....

....

....

....

Durabilité. Quelles sont les conditions pour qu'une église soit durable ?

- Un leadership interne
- Un objectif clair (Actes 2.42-47 ; Apocalypse 14.6-13)
- Des disciples équipés, capables de conduire d'autres personnes à Jésus et de se multiplier :
  - partageant l'histoire de leur rencontre avec Jésus
  - invitant d'autres personnes à le rejoindre et en animant des groupes de *lecture découverte de la Bible.*
- Des locaux qui ne génèrent pas d'endettement
- La capacité de conduire le culte sans prédicateur invité
- La simplicité et la reproductibilité
- Des valeurs et des attitudes claires
- Des croyances claires
- Des structures fonctionnelles.

Les structures fonctionnelles. Considérez-les :

Le personnel :

1. Qui effectuera les tâches et comment ?
2. Comment les décisio,s seront-elles prises ?

Les réseaux :

3. Comment ce rassemblement sera-t-il lié à la fédération ?
4. S'agit-il d'une relation directe ou par le biais d'une « église mère » ?

Les finances :

5. Comment les dîmes/offrandes seront-elles recueillies et retournées à la fédération ?

L'administratif :

6. Quelles sont les responsabilités morales, légales et éthiques qui doivent être assumées ?

- L'accueil des enfants :
- La sécurité des locaux :
- Limites :
- L'assurance :

ACTIVITÉ :

Faites la liste nominative des églises et groupes

Églises organisées	Groupes annexes d'école du sabbat ; groupes de lecture découverte de la Bible (des églises)	Groupes, établis et nouveaux	Groupes annexes d'écoles du sabbat ; groupes de lecture découverte de la Bible (des groupes)	Année d'organisation	Critères restant encore à développer

Cadre théologique :
—l'implantation d'église découle du coeur de Dieu

1. *L'être et l'activité trinitaires de Dieu : Jean 17.21.*

   Nous sommes créés « à sa ressemblance » (Genèse 1.26) ; il cherche à demeurer avec nous, qui sommes son « corps » dans le monde.

   • *Dieu est le missionnaire (missio Dei):* Jean 3.16.
     La mission ne provient pas de l'activité humaine. Elle découle du cœur de Dieu et est son activité.

   • *Dieu s'est fait "chair et sang" pour nous sauver (incarnation) :* Jean 1.14.
     Dieu nous sauve en s'identifiant totalement avec nous ; la méthode pour le partager est notre incarnation/identification dans notre société et notre entourage.

   De quelle manière l'incarnation de Dieu façonne-t-elle la nouvelle église ?

2. *Dieu s'est donné en sacrifice pour nous:* Philippiens 2.1-11.

   Comment la nature cruciforme et le sacrifice de Dieu redéfinissent-ils les églises ?

3. *La vision du royaume de Dieu :* Luc 4.18-19.

   Faire grandir le royaume de Dieu dans la vie des gens est un impératif pour les églises établies et nouvelles.

   Comment cette vision conduit-elle la nouvelle implantation d'église ?

4. *Le temple/corps de Dieu :* Ephésiens 2.19-22 — nous sommes la famille de Dieu.

   • Un *peuple mature et équipé.* (Ephésiens 4.1-16)

   • Considérez les principes de l'APEPE[1] – comment ces dons doivent-ils être utilisés ? (Versets 11-13)

   • Dans une église de vingt personnes, combien de croyants manifestent chaque don d'équipement ? (Verset 11)

5. *L'unité en Christ:* 1 Pierre 2.1-10 ; Galates 3.26-29. Tous les croyants doivent exercer un ministère

   • Que signifie le « sacerdoce royal » dans le royaume de Dieu, à quoi correspond ce rôle ?

   • Qu'apprenons-nous sur la nature de l'église ?

   • Comment faire participer chaque personne au « sacerdoce royal » ?

   • Quels rôles de service sont réservés aux Juifs ou aux esclaves ?

   • Qu'est-ce qui ne doit pas être partagé avec les hommes – ou les femmes ?

6. *Le devoir sacerdotal d'atteindre tout le monde :* Romains 15.14-33.

---

1   Apôtre, prophète, évangéliste, pasteur et enseignant

CADRES ESSENTIELS

La méthode de Jésus : faire des disciples : Jean 20.19-23

CINQ INVITATIONS

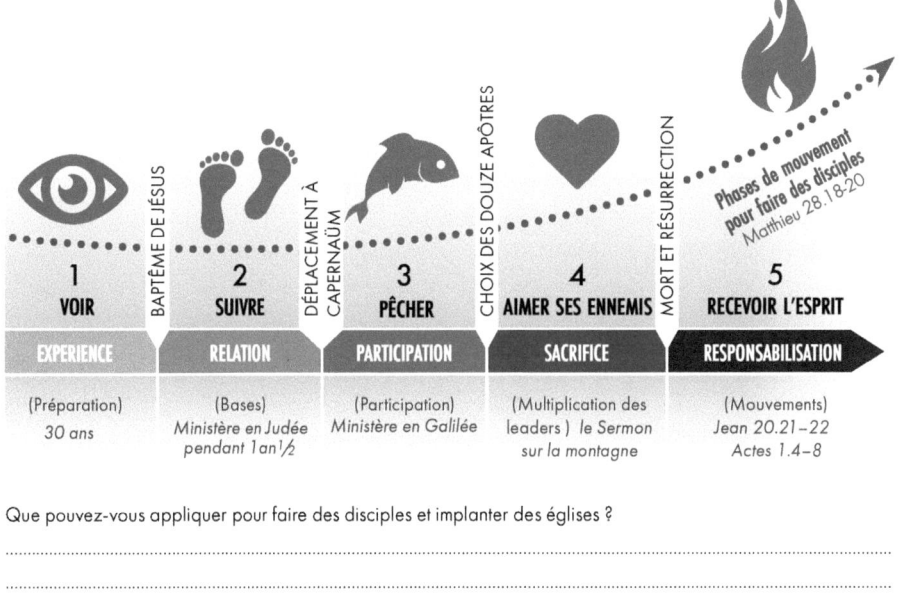

Que pouvez-vous appliquer pour faire des disciples et implanter des églises ?

....
....
....
....
....
....
....
....
....

- Phase de préparation – **Venez et voyez** (Jean 1.35-39)
- Phase de fondation – **Suivez-moi** (Jean 1.43)
- Participation-formation – **Venez pêcher avec moi** (Matthieu 4.18-20)
- Multiplication des leaders – **Aimez vos ennemis/sacrifiez-vous avec moi** (Matt 5.43-45; 16.24)
- Phase de mouvements – **Recevez l'Esprit** (Jean 20.21-22)

ACTIVITÉ:

Utilisez le diagramme de courants relationnels pour identifier :

1. Où vous en êtes dans le cheminement du disciple.
2. Où en est votre équipe d'implantation d'église dans ce parcours.

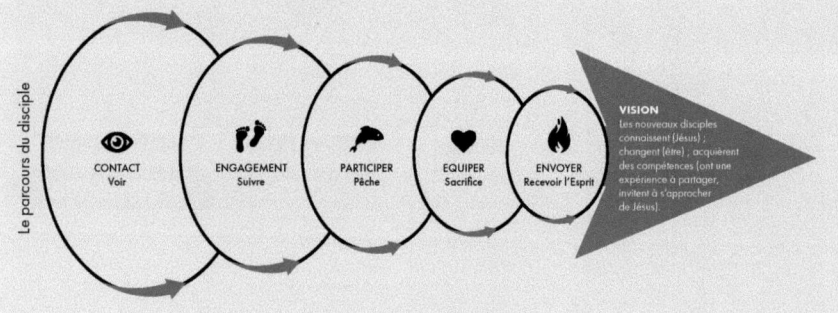

Le parcours du disciple

CONTACT
Voir

ENGAGEMENT
Suivre

PARTICIPER
Pêche

EQUIPER
Sacrifice

ENVOYER
Recevoir l'Esprit

VISION
Les nouveaux disciples connaissent (Jésus) ; changent (être) ; acquièrent des compétences (ont une expérience à partager, invitent à s'approcher de Jésus).

Modèle de récolte : Marc 4.26-29

Jésus a employé des paraboles de la moisson pour révéler « le secret du royaume de Dieu » (Marc 4.11,26) Nous reprenons la parabole des quatre types de terrains, avec la « bonne terre » (préparée, cultivée et enrichie d'engrais) produisant une récolte « qui se multiplie » (Marc 4.3-20), ainsi que le modèle de la récolte (Marc 4.26-29) – parfois appelé « les quatre champs »[1] . Il s'agit d'un seul champ, mais le terrain change.

Discutez de ce modèle d'agriculture et de formation de disciples[2].

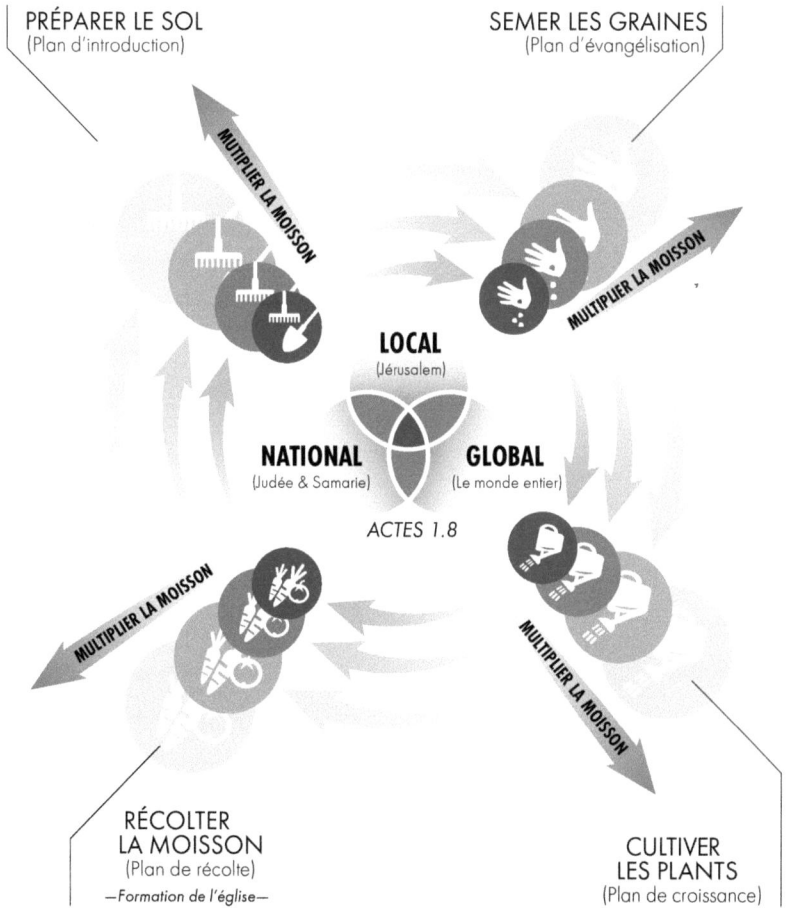

1   Nathan et Kari Shank, Reproducing Churches Using Simple Tools, 2007.
2   Peter Roennfeldt, Suivre Jésus. Susciter des disciples. Lancer un mouvement. Editions Vie et Santé, 2020, p. 195.

L'enseignement de Jésus pour faire des disciples : Luc 10.1-24

Utilisez la méthode de *lecture découverte de la Bible* pour réviser Luc 10.1-9

En peu de temps, Jésus appelle de nombreux disciples (Jean 3.22 ; 4.1-2). Lorsqu'il invite les douze à devenir apôtres, il a une « grande foule de disciples » (Luc 6.12-19). Selon Luc 10, il en a appelé et formé beaucoup d'autres. Cela se passe cinq ou six mois avant sa crucifixion. Nous examinerons attentivement la manière dont il a formé ces disciples pour qu'ils en appellent à leur tour de nouveaux. .

LES ÉTAPES DE LA FORMATION DE DISCIPLES ET DE L'IMPLANTATION D'ÉGLISES :

La superposition de l'enseignement de Jésus pour pénétrer de nouveaux champs (Luc 10.1-24) avec son modèle de récolte (Marc 4.26-29) révèle cinq étapes :

FORMATION DE DISCIPLES

Revoir chaque domaine d'activité pour appeler des disciples :

1. Préparer (Champs vierge):

....
....
....
....
....
....

2. Semer :

....
....
....
....
....
....

3. Cultiver (croissance autonome) :

....
....
....
....
....
....

IMPLANTATION D'ÉGLISE

4. Moisson :

....
....
....

5. Multiplication:

....
....
....

L'appel de disciples précède l'implantation d'église:

• Quelles sont les deux actions que tout nouveau disciple est capable d'accomplir ?

....

• Si une église nouvellement implantée recrute de nouveaux disciples, qu'est-ce que cela implique ?

....

• Quels sont les avantages quand on suit le conseil suivant : « *Ceux qui acceptent la vérité doivent être organisés en églises, puis le pasteur doit passer à d'autres domaines tout aussi importants* » (E. G. White, Testimonies, vol. 7, p. 19-20) ?

....

IMPLANTATION D'ÉGLISE

L'idée d'Église de Jésus : Matthieu 16.13-21 ; 18.15-20

1. Que dit Jésus à propos de l'Église ?

Matthieu 16.13-21; 18.15-20 : Jésus utilise à deux occasions le terme « église ».

L'Église reçoit les *clés du royaume.*

....

....

L'unité de base de l'Église : *deux ou trois personnes réunies en son nom.*

....

....

L'Église est fondée sur *l'amour sacrificiel.*

....

....

2. Que nous apprend Jésus sur la raison d'être de l'Église ?

Matthieu 22.36 40 Les grands commandements

Le culte : ....

....

....

Le ministère : ....

....

....

Matthieu 28.16-20 Le mandat évangélique

L'évangélisation : ....

....

....

La communauté : ....

....

....

La ressemblance avec Christ : ....

....

....

Le mot *église* signifie rassemblement : c'est un rassemblement de disciples.

> Le corps du Christ (1 Corinthiens 12.27)

> Chaque personne a des dons spirituels (1 Corinthiens 12.1-31)

L'Église du Nouveau Testament n'a jamais été constituée de bâtiments, d'institutions ou de dénominations.

Comment l'idée de bâtiments, d'institutions et de dénominations est-elle née ?

....

....

Une foi et une église centrées

a. Quels sont le message et la mission de l'Église ? Actes 1.1-8, 22 ; 2.22-36

....

....

b. Comment le message spécial de Dieu pour préparer les gens à la venue de Jésus définit-il l'Église ? Apocalypse 14.6-13 - Le message spécial de Dieu pour aujourd'hui.

....

....

c. En quoi le message influence-t-il la méthode ?

....

....

d. En quoi la méthode redéfinit-elle la mission de l'Église ?

....

....

ÉGLISE CENTRÉE
Église du Nouveau Testament

ÉGLISE BORNÉE
Église du christianisme actuel

APPARTENANCE
Membres
baptisés
qui fréquentent,
adhèrent aux croyances ;
Structures
Ordre et statut ;
attentes

Centrée sur Christ
On en fait partie ou non en fonction
de sa relation avec Christ.

Centrée sur elle-même
On en fait partie seulement
en étant membre d'église

1. PRÉPARATION

Qu'est-ce qui donne vie, vitalité et croissance dynamique à l'Église primitive ? (Actes 1-2)

1. LES ÉQUIPES

- Équipe de base

  Les églises existantes sont restructurées et organisées en fonction du lieu où vivent les gens :

  Groupes annexes d'écoles du sabbat :

  ....

  ....

  ....

  Groupes annexes d'activités de jeunes :

  ....

  ....

  ....

  Autres :

  ....

  ....

  ....

  Groupes de *lecture découverte de la Bible* :

  ....

  ....

  Personnes de paix partageant au sein de leurs réseaux :

  ....

  ....

  ....

- Qualités de l'équipe d'implantation d'église

  Caractéristiques : (connaissent Jésus) :

  ....

  ....

  ....

The S.H.A.P.E[1] of team members—and the team:

....

....

....

How many are needed for a core team?

....

....

2. LES LIEUX

- Local, régional, international (Actes 1.4-8)

  ....

  ....

  ....

- L'Esprit est à l'oeuvre

  Les Samaritans (Actes 8.2-25) – qui représentent-ils aujourd'hui ?

  ....

  ....

  L'eunuque éthiopien (Actes 8.26-40) – qui représente-t-il aujourd'hui ?

  ....

  ....

  ....

  Saul (Acts 9.1-39) – qui représente-t-il aujourd'hui ?

  ....

  ....

  ....

---

1   Dons spirituels, passion, compétences, personnalité, expériences

Corneille et sa maisonnée (Actes 9.32 – 11.18) : qui représentent-ils aujourd'hui ?

....

....

....

Quelles perspectives avez-vous acquises quant au lieu et aux personnes chez lesquelles vous allez semer ?

....

....

....

- Les personnes marginalisées lancent des mouvements. Qui sont-elles ?

....

....

....

- Attiser chaque flamme. Où vacillent-elles ?

....

....

....

- Où Dieu pourrait-il vous disperser ?

....

....

....

3. LA PRIÈRE

- Le baptême du Saint-Esprit (Actes 2.1-47)

  Chaque nouveau disciple est consacré pour appeler d'autres disciples

  ....

  ....

- La prière conversationnelle

  Marque-pages pour la *lecture découverte de la Bible*.

  ....

  ....

  Marque-pages pour la prière conversationnelle.

  ....

  ....

  ....

CLARIFIER **Préparer**

OBJECTIF BIBLIQUE —Quel(s) verset(s) décrit(vent) la vision ?

....

....

VISION —Quelle est, selon vous, la vision de Dieu pour l'église que vous allez implanter ?

....

....

MISSION —Comment décririez-vous la mission de Dieu pour cette implantation ?

....

....

VALUEURS/VUE D'ENSEMBLE — Quelles sont les cinq ou six valeurs ou attitudes sur lesquelles se base cette implantation ?

Dressez la liste des valeurs essentielles, distinctives et réalistes qui gouverneront les relations de l'église nouvellement implantée dans et avec la société, ainsi que les actions clés qui en découleront :

Valeurs Attitudes que nous valorisons	Actions Ce qui en résulte

LEIUX ET PERSONNES

Faites la liste des endroits où vous voyez l'Esprit à l'oeuvre :

Décrivez les gens : qui sont-ils ?

....

....

....

Qu'apprenez-vous des études démographiques ?

....

....

....

Faites la liste des endroits où de nouveaux groupes se sont formés:

Décrivez les gens : qui sont-ils ?

....

....

Qu'apprenez-vous des études démographiques ?

....

....

....

Où y a-t-il besoin de nouveaux groupes ?

....

....

....

Décrivez-les gens : qui sont-ils ?

....

....

Qu'apprenez-vous des études démographiques ?

....

....

....

2. SEMER

- Qu'est-ce qui caractérise l'église de Jérusalem ? Actes 2.42-47

....

....

....

Actes 4.4 : À quoi ressemblait l'église de Jérusalem à cette époque-là ?

....

....

....

- *Semer abondamment* la semence de l'évangile. Comment votre région sera-t-elle remplie de l'Évangile ?

....

....

....

- Quel est le principal ingrédient des réunions de louange ? 1 Corinthiens 14.26

....

....

....

Transitions—pour les implanteurs d'églises (Actes 7.1-11.18)

- Quelle est la signification du discours d'Étienne ? (Actes 7.1 – 8.3)

....

....

....

- Identifiez la transition clé de la façon de penser, dans chacun des récits d'Actes 8.4 – 11.18 :

    1. Les Samaritains (Actes .:4-25):

    ....

    ....

2. L'eunuque éthiopien (Actes 8.6-40):

....

....

3. Saul (Actes 9.1-32):

....

....

4. Pierre et Corneille (Actes 9.32-11.18):

....

....

Antioche—étude de cas (Actes 11.19-30; 13.1-4)

- Qui implante l'église à Antioche, et comment ?

....

....

....

....

- Que découvrez-vous concernant l'implantation d'église ?

Equipes:

....

....

Bases:

....

....

Multiculturalité:

....

....

Équipement:

....

....

Valeurs:

....

....

- Pourquoi pensez-vous qu'Antioche est devenue le centre des voyages missionnaires du Nouveau Testament ?

....

....

....

Paul—Pionnier de l'implantation d'églises

- Relisez les récits des voyages de Paul et ses principes et initiatives clés.
- Paul suit l'approche des courants relationnels que Jésus a appliquée et enseignée.

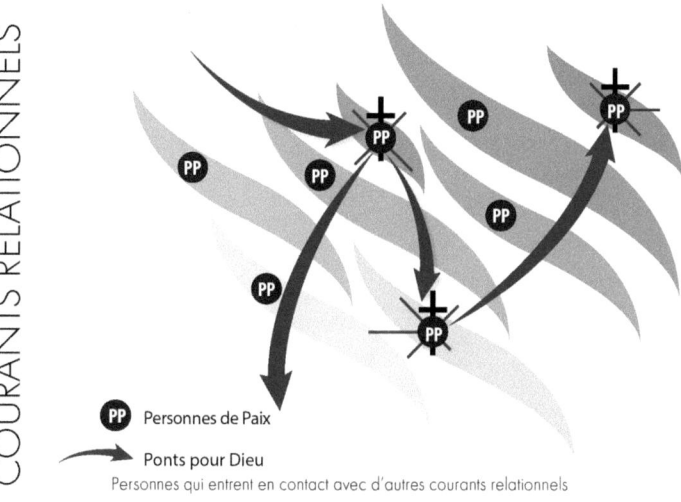

COURANTS RELATIONNELS

PP Personnes de Paix

➤ Ponts pour Dieu
Personnes qui entrent en contact avec d'autres courants relationnels

- Comparez avec l'approche des centres de missions du XIXème et XXème siècles.

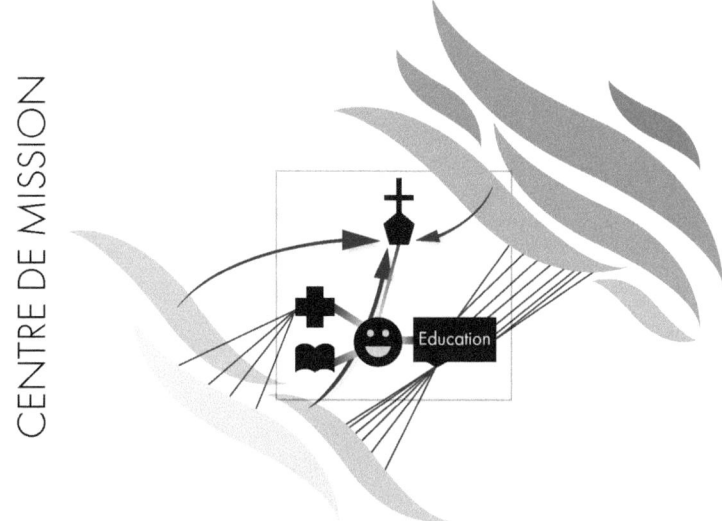

CENTRE DE MISSION

Education

- Quelle est la force de l'approche des *courants relationnels* de Jésus ?

....

....

....

....

Premier voyage : Actes 13.1-14:28
Suivre les *courants relationnels (ethnē)*

ETHNĒ
COURANTS RELATIONNELS

PP Personnes de Paix

Ponts pour Dieu

Personnes qui entrent en contact avec
d'autres courants relationnels

- Comment Paul multiplie-t-il les leaders et les églises ?

....

....

....

....

- Comment identifiez-vous les personnes de paix ?

  1. Hospitalité, accueil

  ....

  ....

  2. Réceptivité

  ....

  ....

  3. Réputation

  ....

  ....

4. Influence

....

....

• Comment pouvez-vous trouver ces personnes ?

....

....

....

....

• Quels principes de cet exemple appliquerez-vous pour implanter une église ?

....

....

....

....

Deuxième voyage : Actes 15.36-18.22
Implantation dans les maisons (*oikos*)

OIKOS
MAISONS

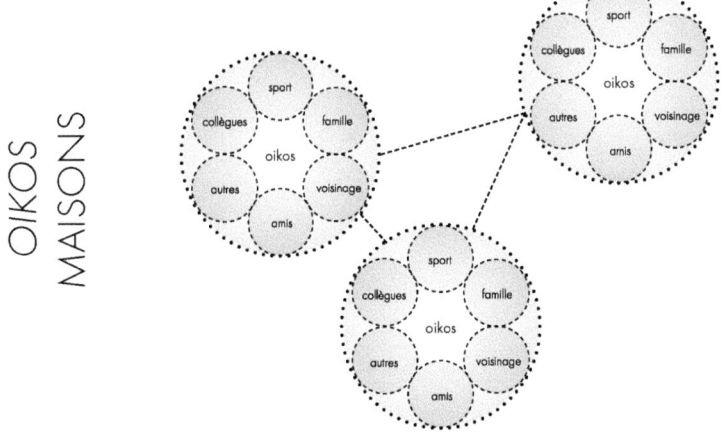

• Comment Paul a-t-il utilisé les maisons pour multiplier les églises ?

....

....

....

....

- Comment a-t-il impliqué les chefs de famille ?

....

....

....

....

- Comment leur implication a-t-elle permis de multiplier les leaders et les disciples ?

....

....

....

....

- Quels principes spécifiques de cet exemple appliquerez-vous pour implanter une église ?

....

....

....

....

Troisième voyage : Actes 18.23-21.16
Établir une *plateforme d'implantation d'églises*

PLATEFORME (HUB)
ÉQUIPER LES ÉGLISES

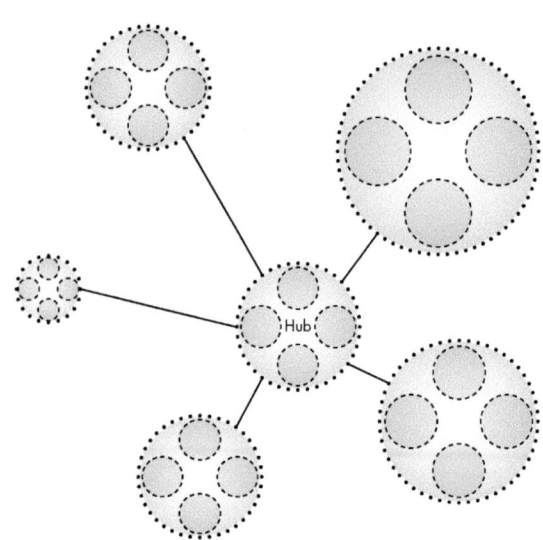

Hub

Selon cette vision, chaque église devient une plateforme (hub), qui équipe et envoie à son tour :

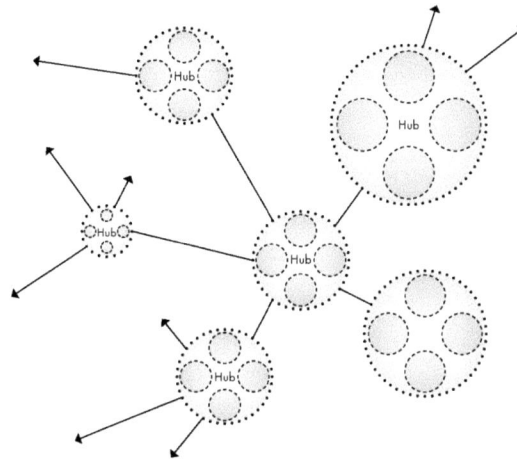

- Décrivez la *plateforme d'implantation d'églises* d'Éphèse (Actes 19.1-20) :

  Quelle est sa portée ?

  ....

  ....

  Comment devait-elle être structurée ?

  ....

  ....

- Quels principes spécifiques de ce modèle appliquerez-vous pour implanter une église ?

  ....

  ....

- Comment vos églises pourraient-elles devenir des plateformes d'implantation d'églises ?

  ....

  ....

  Où trouveriez-vous les équipes d'implantation d'églises ?

  ....

  Comment prépareriez-vous les équipes d'implantation d'églises ?

  ....

  ....

  Comment pourriez-vous multiplier les groupes satellites ?

  ....

  ....

3. CULTIVER

Cultiver des leaders

Quel est le rôle important des personnes de paix dans l'implantation d'églises par Paul ? Aujourd'hui, comment ces personnes sont-elles encouragées par les pasteurs, anciens et diacres/diaconesses ?

Pasteurs	*Personnes de paix* (chefs de famille)	Anciens	Diacres/Diaconesses

Quel rôle chaque nouveau croyant pourrait-il jouer dans l'implantation d'église ?

....

....

....

....

....

Comment pourriez-vous les identifier, les équiper et les envoyer ?

....

....

....

....

....

Un encadrement pour les nouveaux leaders

Qui a encadré Lydie et le geolier ?

....
....
....
....
....

Qui a encadré Jason et sa maisonnée ?

....
....
....
....
....

Comment encadrerez-vous les nouvelles équipes de leaders ?

....
....
....
....
....

Principes de Leadership

Fonctionnel

....
....
....
....
....

Sacrificiel (cruciforme)

....
....
....
....
....

Quelles différences observez-vous dans le modèle de leadership de Paul ?

Monde gréco-romain

Dieu suprême
Plusieurs dieux

Empereur-seigneur et sauveur

Clergé (*kleros*)
les politiciens — philosophes
l'elite — "ceux qui savent"

Laïcs (*laos*)
le petit peuple, les escalves
les ignorants (*idiotes*)

Communautés de Paul

Dieu unique
Trinitaire

Jésus - Seigneur et Sauveur

Tous les croyants ont un
ministère (*diakonos*)
et connaissent Jésus

Tous les croyants sont le
peuple (laos)
— des fous pour Jésus

Comment la notion de leadership de Jésus et de Paul pourrait-elle être appliquée dans votre implantation d'église ?

....
....
....
....
....
....
....
....
....
....
....
....
....
....
....
....
....
....

CLARIFIER
Semer et cultiver:

CROYANCES —Quelles sont les croyances clés qui définiront votre implantation d'église ?

....

....

Qui sont les gens dans votre entourage ?

....

....

Comment les croyances ou doctrines fondamentales définissent-elles votre implantation d'église dans la société ?

....

....

Quelles sont les croyances clés qu'il sera important de leur présenter ?

....

....

LE CHEMINEMENT DU DISCIPLE —quel parcours permettra aux gens de passer du statut d'incroyant à celui de faiseur de disciples ? Utilisez ce cadre pour identifier le cheminement des disciples :

Les gens, à chaque étape de ce parcours . . .

Contact	Invitation	Engagement	Equipement	Envoi
Voir	Suivre	pêcher	Sacrifice	Recevoir l'Esprit

Vision

Connaître (Jésus)

Caractère (être)

Compétences (agir)

— Témoigner

— Inviter

CONTACTS/AMIS

Activités pour inviter et équiper . . .

Que pourraient faire tous les nouveaux disciples pour appeler de nouveaux disciples ?

Quels évènements de formation pourraient les aider dans ce parcours ?

1.
2.
3.
4.
5.
6.

Quelle peut être la place de la *lecture découverte* de la Bible dans ce parcours ?

Comment éviterez- vous le piège de faires des membres d'église plutôt que des disciples ? Comment trouverez-vous l'équilibre pour que les nouveaux disciples s'identifient comme membres de la nouvelle église implantée ?

FORMATION D'UNE ÉGLISE

4. MOISSON

Carte *Oikos* : élaborez une carte Oikos personnelle et priez pour ceux qui y figurent :

Le sens du mot église est rassemblement. Dans le modèle de récolte de la formation de disciples et d'implantation d'églises, la moisson est le moment où les groupes de nouveaux disciples sont regroupés en nouvelles églises.

Quelle est la différence entre un groupe et une église ? Quand un groupe devient-il une bouture d'église, et comment cette bouture devient-elle une église organisée ?

Groupes

Les groupes peuvent démarrer comme de petits groupes de lecture découverte de la Bible, comme un satellite d'un groupe de jeunes ou d'un groupe d'étude biblique de l'église – ou simplement comme un groupe d'amis qui se réunissent pour partager.

Les groupes peuvent être représentés par un cercle en pointillés (1), indiquant leur fluidité et leur ouverture. Certains peuvent se construire autour de l'oikos ou (2) des courants relationnels.

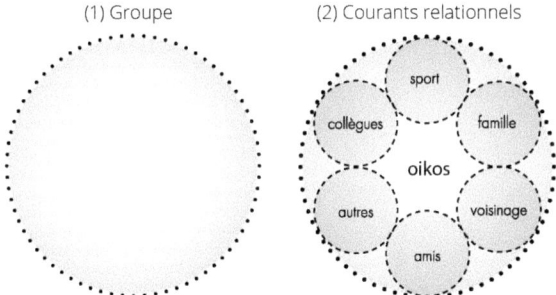

- Ils se réunissent chez eux, dans un café, au bureau, à n'importe quel moment du jour ou du soir
- Ils partagent une collation, l'amitié, la prière et la lecture de la Bible
- Il n'y a pas spécialement d'engagement à long terme pour la cause de Jésus Christ
- Les leaders naturels dirigent, le leadership est simple et reproductible
- C'est un groupe de trois à dix personnes, voisins ou amis, qui étudient un évangile
- Le groupe peut proposer des services sociaux simples
- Certains participants deviennent croyants et sont parfois baptisés
- Autres...

Quand un petit groupe comme celui-ci devient-il une nouvelle église ?

....

....

Bouture d'église :

Un groupe peut devenir une bouture d'église, ou des équipes d'implantation d'église peuvent développer un réseau de groupes, y compris dans différents *courants relationnels :*

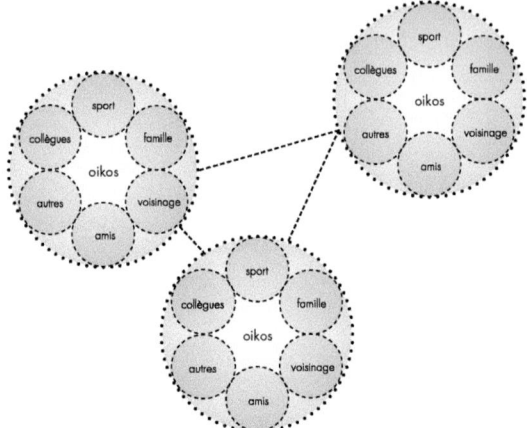

Les boutures d'églises sont des rassemblements de nouveaux disciples. Leur structure reste simple et elles n'ont pas besoin d'être grandes – il suffit de dix à quinze personnes. Cependant, elles s'engagent davantage dans la mission, en se concentrant sur l'équipement et la multiplication.

Les boutures d'églises peuvent être représentées par un cercle en pointillé, ce qui illustre leur ouverture à la mission et à leur entourage.

• Un certain nombre de groupes ou d'activités seront organisés au sein de l'église – groupes bibliques, groupes de jeunes, etc.

• Chaque groupe se multiplie par le biais de groupes « succursales », certains ayant des liens directs (c'est-à-dire qu'ils savent qu'ils sont des groupes issus de l'église mère), et d'autres sans liens directs à ce stade :

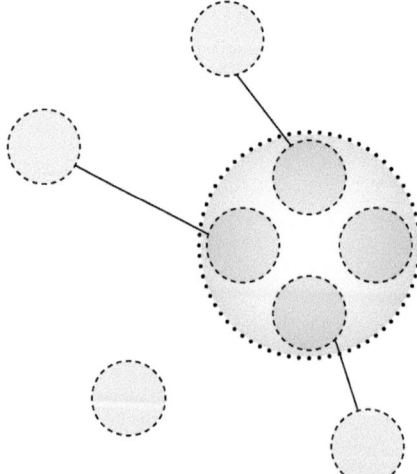

Les *indicateurs de santé* de l'Église d'Actes 2.36-47[1] identifient les étapes du passage du groupe à l'implantation d'une église. Ils comprennent :

- Des leaders locaux reconnus

- Des réunions régulières pour lire la Parole – toujours dans la simplicité.

- La célébration régulière de la sainte cène – comme une communion ouverte.

- Les nouveaux disciples sont équipés au fur et à mesure qu'ils le deviennent, afin d'appeler d'autres disciples.

- Les nouveaux disciples sont baptisés, avec l'autorité de baptiser d'autres personnes.

- L'habitude régulière de donner (dîmes et offrandes), en accord avec le siège administratif pour la transparence et les relevés bancaire.

- Un cycle régulier de formation de disciples pour tous.

- Un sens croissant et fort de l'identité et de l'appartenance à l'église :

  - Un plan de projet d'implantation d'église clair et simple est préparé.

  - Un projet régulier de service social est encouragé.

  - Reconnaissance de l'implantation de la nouvelle église par la fédération/mission.

Comment vous situez-vous par rapport à ces indicateurs ?

....
....
....
....

Quels autres indicateurs sont importants ?

- Vision et responsabilité pour atteindre la région.

- Multiplication des groupes de lecture découverte de la Bible.

  - Des petits groupes se développent dans l'église nouvellement implantée, et deviennent églises à leur tour... ainsi le processus de multiplication se poursuit.

- Structures simples, fonctionnelles et qui se multiplient.

- Relations saines avec le mouvement ou le siège de la dénomination.

- Relations saines et affirmées avec les autres églises et églises sœurs.

- Locaux sécurisés, et connaissance juridique, avec la mise en place de formations et procédures.

Le leadership : Qui va diriger la nouvelle église ?

Discutez :

- Le(s) leader(s) naturel(s) (les *personnes de paix*) :

....
....
....

- L'équipe d'implantation :

....
....
....

- Un ancien de l'église existante :

....
....
....

- Quels sont les inconvénients du recours fréquent à des prédicateurs invités et itinérants ?

....
....
....

- Comment les dirigeants seront-ils encadrés ?

....
....
....

---

1   Steve Addison, Pioneering Movements: Leadership that Multiplies Disciples and Churches, IVP Books, 2015, page 91—uses the Church Health Indicators of Acts 2:36-47 to identify the journey from group to new church plant.

Les locaux : où se réunira la nouvelle église ?

Discutez des avantages et des inconvénients :

- De la maison où le groupe s'est réuni jusqu'à présent :

....

....

....

....

- D'autres maisons :

....

....

....

....

- Du sous-sol d'une maison/en plein air :

....

....

....

....

- De locaux pouvant être utilisés à frais réduits :
  - Salles de classe des écoles
  - Salles municipales
  - Salles de séminaire des bibliothèques

....

....

....

....

- D'un nouveau bâtiment d'église :

....

....

....

....

- Autre :

....

....

....

....

Implantations d'églises sur les campus scolaires

Les écoles chrétiennes avec des enseignants dévoués, des aumôniers et des pasteurs sur le campus, offrent de grandes opportunités d'évangélisation, de formation de disciples et d'implantation d'églises.

1. **Défis. Discutez de ces défis et opportunités potentiels :**
   - De nombreux étudiants sont issus de familles sans héritage ni engagement chrétien.
     - Les parents souhaitent que leurs enfants reçoivent une éducation basée sur les valeurs chrétiennes, mais refusent l'église.
   - De nombreux élèves sont issus de familles fragmentées et économiquement défavorisées.
   - Bien qu'ils soient engagés, certains enseignants ne souhaitent pas participer à une église sur le campus.
     - Certains enseignants ne sont pas adventistes ou ne sont pas du tout impliqués dans l'église.
     - Certains enseignants adventistes ne participent à aucune église.
     - Certains enseignants adventistes fréquentent des églises non liées à l'école.
   - Les initiatives d'évangélisation de l'école sont soutenues presque entièrement par du personnel rémunéré : enseignants salariés, personnel, aumôniers, évangélistes, etc
     - L'église actuelle fournit peu de soutien
   - Les initiatives actuelles se concentrent sur les baptêmes et l'adhésion, plutôt que sur la formation de disciples ou l'implantation d'églises.
   - Les gens du voisinage hésitent à venir sur un campus scolaire.

2. **Intégration. Discutez des visions et des processus d'évangélisation et de formation de disciples dans les écoles et les églises de campus.**
   - De quelles manières leurs visions et stratégies sont-elles intégrées ?

....

....

- En quoi leurs activités se rejoignent-elles ? Chapelles, cours bibliques, semaines de sensibilisation spirituelle, classes baptismales, culte du sabbat, etc.

....

....

....

....

- L'objectif est-il la formation de disciples avec intégration dans une église missionnaire, ou est-ce les baptêmes et l'adhésion ?

....

....

....

....

3. Systèmes d'influence et de soutien. Ils peuvent être limités ou absents pour les élèves qui deviennent de nouveaux disciples à l'âge de l'école primaire.

   (1) Le foyer—les *courants relationnels* des enfants et des jeunes.

   - Comment gérer le soutien limité ou inexistant des familles pour accompagner leur cheminement spirituel ?

   - Comment atteindre les courants relationnels des enfants pour les engager dans un parcours, afin qu'ils deviennent eux-mêmes disciples ?

   (2) L'église—dont les enfants bptisés seront membres.

   Comment les enfants seront-ils impliqués si leurs familles ne les amènent pas à l'église, ou si elles donnent la priorité au sport, cours de langue ou de culture, etc. ?

   - Si les enfants et jeunes viennent peu à l'église, comment seront-ils amenés à devenir des disciples – et non à se contenter du baptême et l'adhésion à l'église ?

   (3) L'école—une influence importante pour accompagner les enfants dans le cheminement pour devenir disciples.

   Comment impliquer le personnel scolaire (enseignants, personnel administratif, aumôniers et pasteurs), mais aussi l'ensemble

des membres d'église du campus pour visiter les familles de l'école ?

- Quelles questions juridiques, éthiques ou procédurales doivent être abordées pour que les enfants de l'école et leurs familles soient visités et encadrés par des membres autres que le personnel ?

4. Concevoir des procédures simples pour relever les défis et lacunes des systèmes de soutien.

   - Comment atteindre les courants relationnels de chaque étudiant pour faire des disciples ?

   ....

   ....

   ....

   ....

   - Quels conseils simples seront donnés aux étudiants pour partager la foi avec leur famille ?

   ....

   ....

   ....

   ....

   - Comment peut-on impliquer plus de membres/employés afin de soulager plutôt que d'épuiser ?

   ....

   ....

   ....

   ....

   - Comment un noyau central d'église de campus pourrait-il développer une église d'évangélisation de nouveaux disciples saine, grâce à d'autres modes d'expressions de l'église ?

   ....

   ....

   ....

   ....

5. LA MULTIPLICATION

L'ADN de la multiplication doit être intégré dès le départ dans le plan de multiplication des disciples.

JÉSUS a posé les bases d'un mouvement de formation de disciples durable et multiplicateur.

Qu'a-t-il transmis à ses disciples lors de son ascension ? Actes 1.4-8

....

....

....

Son modèle et ses enseignements :

....

....

....

Son Esprit :

....

....

....

PAUL a été le premier à implanter de nombreuses églises – le mouvement de formation de disciples.

Passez en revue les voyages de Paul. Qu'a-t-il transmis ?

....

....

Principes clés :

....

....

....

Actions et méthodes :

....

....

....

Prendre en compte les bons nombres

Les disciples font et multiplient les disciples, ce qui entraîne une multiplication des églises.

- Dressez la liste des faiseurs de disciples dans votre équipe/église (et non pas les membres) :

....
....
....
....
....

- Combien sont équipés pour implanter un autre groupe/église ?

....
....
....
....
....

Comment favoriser un environnement propice à la multiplication ?

Chaque église saine se reproduit et se multiplie grâce à :

1. L'encouragement (tenir compte de tous les intérêts) :

....
....

2. Le tutorat (envoyer) :

....
....

3. Modèles d'église simples (reproductibles) :

....
....

4. Cultiver la présence du Saint-Esprit :

....
....

5. Chercher une autre « *personne de paix* » :

....
....

PLAN DE CRÉATION ET DE MULTIPLICATION D'ÉGLISES

RÉUNION/IMPLANTATION - Multiplication des groupes, des boutures et des églises

a.   Comment les disciples sont-ils multipliés ?

....

....

b.   Comment les groupes de *lecture découverte* de la Bible sont-ils encouragés

....

....

c.   Quels autres moyens de répandre l'Évangile sont utilisés et comment ?

....

....

d.   Quel modèle votre église pourrait-elle suivre pour sa mission – *ethnē, oikos*, ou plateforme ?

....

....

e.   Quel est votre cheminement du groupe à l'implantation, puis à l'église organisée ?

....

....

f.   Comment votre implantation d'église peut-elle favoriser d'autres implantations ?

....

....

g.   Décrivez un processus de formation d'une nouvelle église :

....

....

....

MULTIPLICATION

a.   Quels processus clés allez-vous mettre en place dans votre implantation d'église pour assurer la multiplication ?

Équiper les disciples pour qu'ils deviennent des faiseurs de disciples :

....

....

....

....

Multiplier les leaders :

....

....

....

....

Groupes multiplicateurs (groupes de *lecture découverte* de la Bible) :

....

....

....

....

Identifier les leaders naturels :

....

....

....

....

Un environnement de multiplication :

....

....

....

....

Autre :

....

....

....

....

PLAN RÉGIONAL DE FORMATION D'IMPLANTATION D'ÉGLISES

District: .... Directeur du disctrict: ....

Indiquez le nom de toutes les églises organisées :

....

Pour chaque église organisée, indiquez :

1. Noms et lieux des groupes annexes d'école du sabbat :
    (Classes de l'école du sabbat - restructurées en fonction du lieu de résidence des membres)

    1. ....

    2. ....

    3. ....

    4. ....

    5. ....

2. Nom de l'ancien qui supervise cinq ou six classes de l'école du sabbat : ....

    1. Liste des « églises filles » (ou groupes) dont s'occupe l' « église mère » :

    ....

    2. Liste des groupes annexes d'école du sabbat pour chaque « église fille »

    ....

    Liste des noms des anciens qui supervisent cinq ou six classes de l'école du sabbat dans les groupes des « églises filles » :

    ....

    Liste des critères que chaque église fille doit remplir pour être organisée :

    ....

3. Indiquez l'année où ces critères seront remplis : ....

Dans chaque district/province, énumérez toutes les villes, villages ou zones qui doivent être inscrits

1. Indiquez le district : ....

2. Indiquez la date d'inscription : ....

3. Identifiez l'équipe pour l'entrée :...

4. Décrivez le plan pour chaque lieu : ....

....

PLAN DE PROJET D'IMPLANTATION D'ÉGLISES

Votre nom : .... Votre église : ....

Votre pasteur : .... Lieu où vous allez implanter : ....

Référez-vous aux idées des pages 15-16, 24-27 et 36-37 de ce *Guide de conversation* pour rédiger votre plan.

1. **Équipe:** (généralement quatre personnes)
....

2. **Lieu :** Décrivez les personnes et le lieu où vous allez travailler.
....
....

    Énumérez les *personnes de paix* que vous pouvez déjà identifier :
....
....

3. **Mission:** Pourquoi cette implantation d'église se fera-t-elle ?
....
....

    Citez trois ou quatre textes qui soutiennent votre mission et votre vision :
....
....

4. **Vision:** Quelle est, selon vous, la vision finale de Dieu pour l'église que vous allez implanter ? Des faiseurs de disciples :
....
....

    Des groupes et des églises qui se multiplient :
....
....

5. **Croyances:** Quelles sont les croyances fondamentales qui définiront votre implantation d'église ?
....
....

    Quelles sont les croyances fondamentales qui seront importantes pour les gens de votre entourage ?
....
....

6. **Valeurs et actions :** Faites une liste de vos valeurs et des actions pour les cultiver.

Valeurs—attitudes que nous apprécions :   Actions—qui en découlent :

....

....

....

....

7. **Faire des disciples :** Quel chemin prendrez-vous avec un incroyant pour être un faiseur de disciple ?
Dans la méthode de formation de disciples de Jésus, que pouvaient faire tous les nouveaux disciples ?

....

....

Quelle place aura la *lecture découverte de la Bible* dans ce parcours ?

....

....

Étapes du parcours :   Quels événements de formation s'inscriront dans ce parcours ?

1. ....

2. ....

3. ....

4. ....

5. ....

6. ....

7. ....

8. **Multiplication :** Décrivez comment votre nouvelle église va se multiplier :

....

....

....

....

9. **Évaluation :** Quand et comment allez-vous évaluer l'approbation de Dieu ?

....

....

Partagez ce plan de projet avec un certain nombre de personnes – y compris un implanteur d'église expérimenté ou un mentor d'implantation d'église – pour chercher d'autres idées.

Soumettez ce plan à vos dirigeants et au coordinateur d'implantation d'église.

Nom : ....   Date: ....

NOTES

NOTES

NOTES

NOTES

NOTES

NOTES

NOTES